AF188579

Impressum
Verlag: BABADADA GmbH, Nedderfeld 112 , 22529 Hamburg
Geschäftsführer / Verlagsleitung: Harald Hof
Druck: Books on Demand GmbH, In de Tarpen 42, 22848 Norderstedt

Imprint
Publisher: BABADADA GmbH, Nedderfeld 112 , 22529 Hamburg, Germany
Managing Director / Publishing direction: Harald Hof
Print: Books on Demand GmbH, In de Tarpen 42, 22848 Norderstedt

escuela
l'école

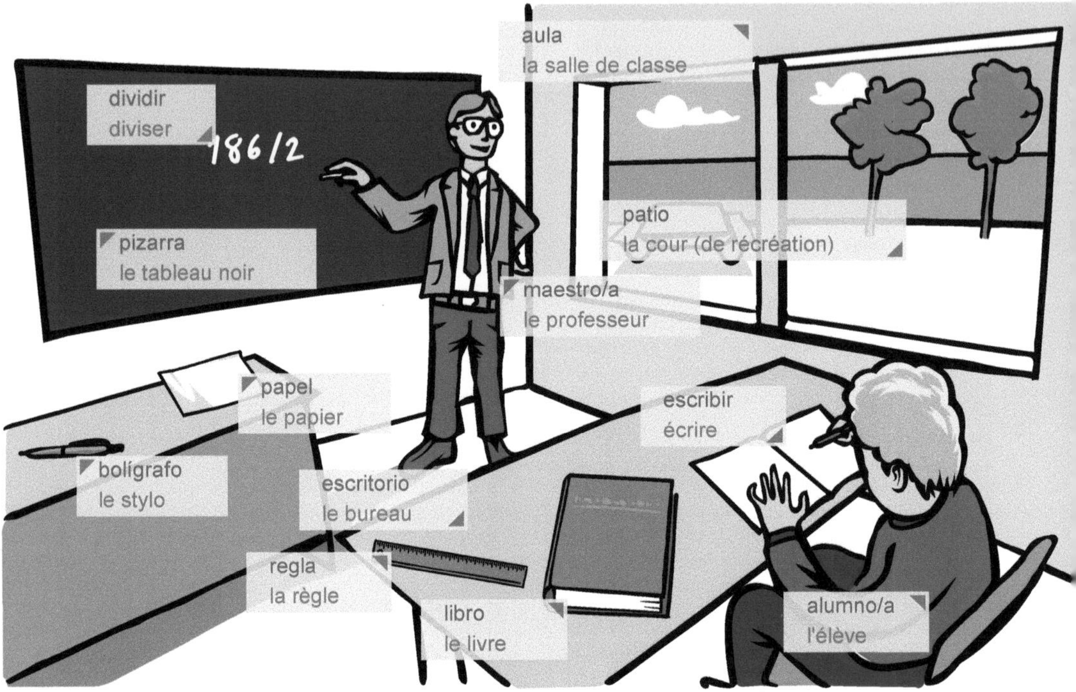

aula
la salle de classe
dividir
diviser
186/2
pizarra
le tableau noir
patio
la cour (de récréation)
maestro/a
le professeur
papel
le papier
escribir
écrire
bolígrafo
le stylo
escritorio
le bureau
regla
la règle
libro
le livre
alumno/a
l'élève

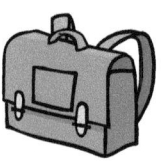

cartera

le cartable

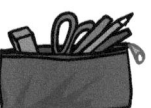

caja de lápices

la trousse

lápiz

le crayon

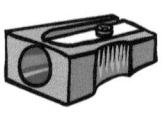

sacapuntas

le taille-crayon

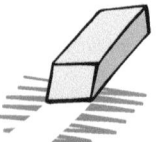

goma de borrar

la gomme

cuaderno de dibujo

le carnet à dessin

dibujo

le dessin

pincel

le pinceau

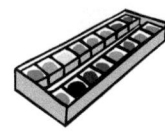

caja de pinturas

la boîte de peinture

tijeras

les ciseaux

pegamento

la colle

cuaderno de ejercicios

le cahier d'exercices

deberes

les devoirs

número

le chiffre

sumar

additionner

restar

soustraire

multiplicar

multiplier

calcular

calculer

letra

la lettre

alfabeto

l'alphabet

palabra

le mot

texto

le texte

leer

lire

tiza

la craie

lección

la leçon

cuaderno de notas

le livre de classe

examen

l'examen

certificado

le certificat

uniforme escolar

l'uniforme scolaire

educación

la formation

enciclopedia

le lexique

universidad

l'université

microscopio

le microscope

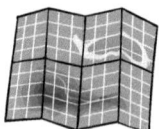

mapa

la carte

papelera

la corbeille à papier

viaje

le voyage

hotel
l'hôtel
Grand
albergue
l'auberge
ROOMS
oficina de cambio de divisas
le bureau de change
CHANGE
maleta
la valise
coche
la voiture

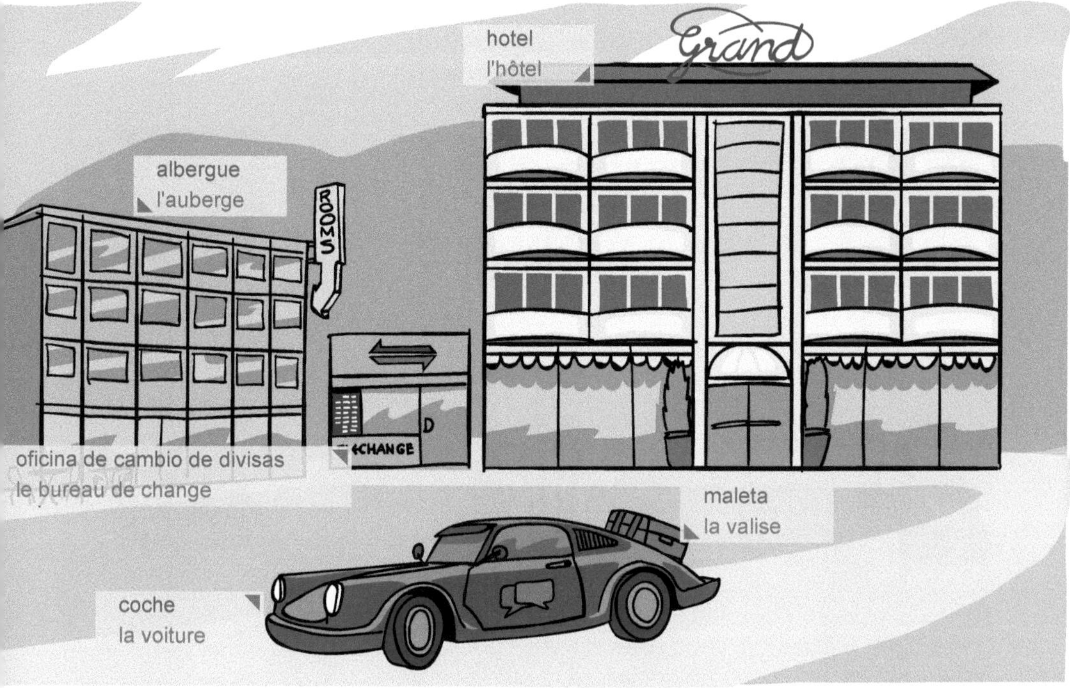

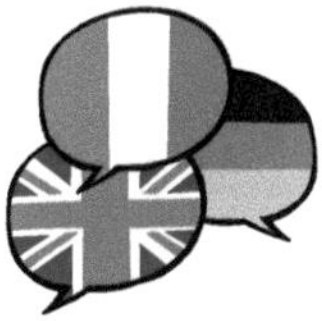

idioma

la langue

sí / no

oui / non

Vale

d'accord

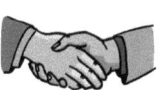

hola

Salut

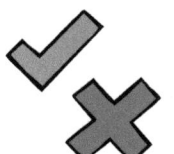

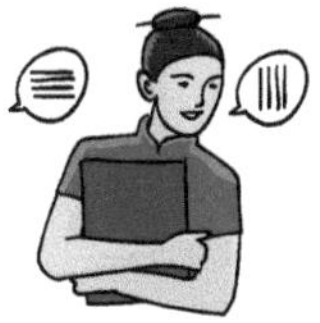

traductor

l'interprète

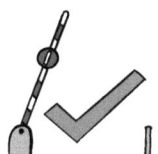

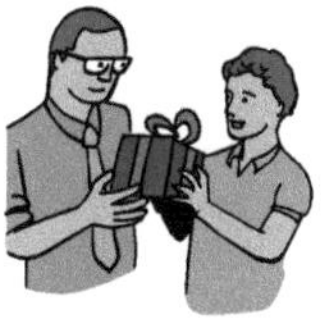

Gracias

merci

¿cuánto es...?

Combien coûte...?

No entiendo

Je ne comprends pas

problema

le problème

¡Buenas tardes!

Bonsoir !

¡Buenos días!

Bonjour !

¡Buenas noches!

Bonne nuit !

adiós

Au revoir

dirección

la direction

equipaje

les bagages

bolsa

le sac

mochila

le sac-à-dos

invitado

l'hôte

habitación

la pièce

saco de dormir

le sac de couchage

tienda de campaña

la tente

información turística

l'office de tourisme

playa

la plage

tarjeta de crédito

la carte de crédit

desayuno

le petit-déjeuner

almuerzo

le déjeuner

cena

le dîner

billete

le billet

ascensor

l'ascenseur

sello

le timbre

frontera

la frontière

aduana

la douane

embajada

l'ambassade

visa

le visa

pasaporte

le passeport

viaje - le voyage

transporte
le transport

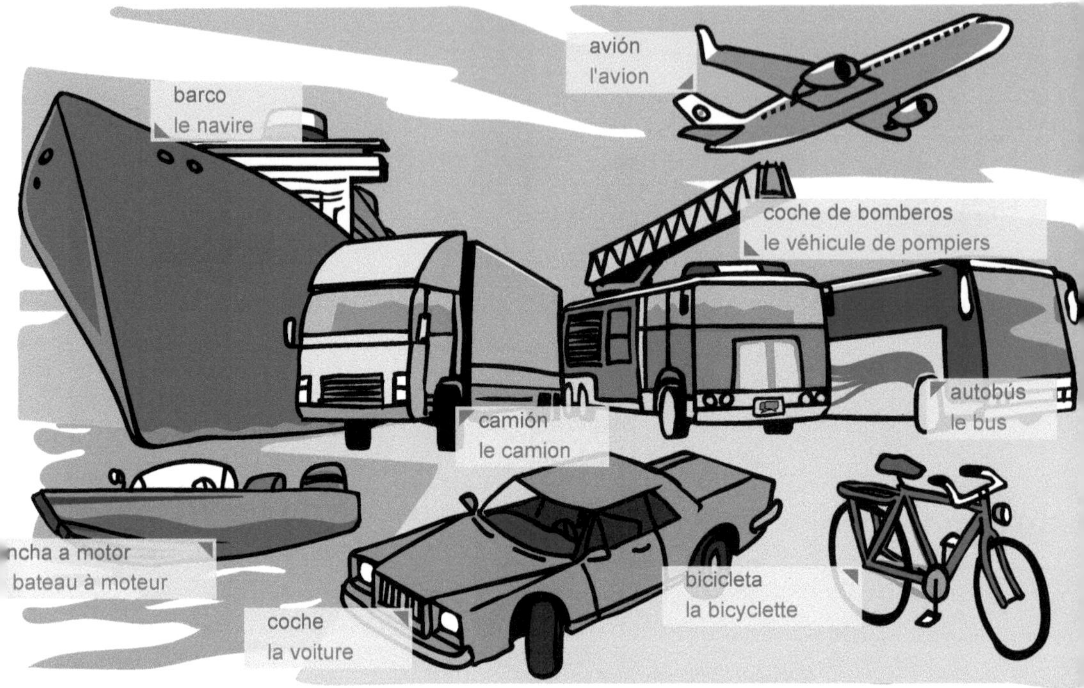

avión
l'avion
barco
le navire
coche de bomberos
le véhicule de pompiers
autobús
le bus
camión
le camion
ncha a motor
bateau à moteur
bicicleta
la bicyclette
coche
la voiture

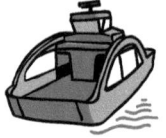

transbordador

le ferry

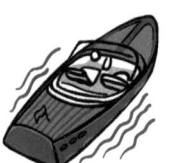

barca

la barque

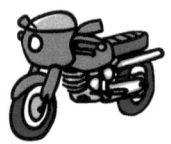

moto

la moto

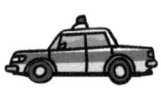

coche de policía

la voiture de police

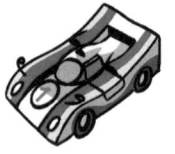

coche de carreras

la voiture de course

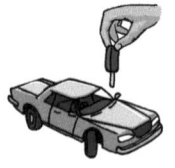

coche de alquiler

la voiture de location

préstamo de vehículos

l'auto-partage

grúa

la voiture de remorquage

camión de la basura

la benne à ordures

motor

le moteur

gasolina

l'essence

gasolinera

la station d'essence

señal de tráfico

le panneau indicateur

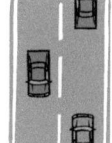

tráfico

le trafic

atasco

l'embouteillage

aparcamiento

le parking

estación de tren

la gare

vías

les rails

tren

le train

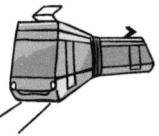

tranvía

le tramway

vagón

le wagon

helicóptero

l'hélicoptère

aeropuerto

l'aéroport

torre

la tour

pasajero

le passager

contenedor

le conteneur

caja de cartón

le carton

carretilla

le chariot

cesta

la corbeille

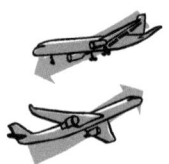

despegar / aterrizar

décoller / atterrir

ciudad

la ville

pueblo

le village

centro de ciudad

le centre-ville

casa

la maison

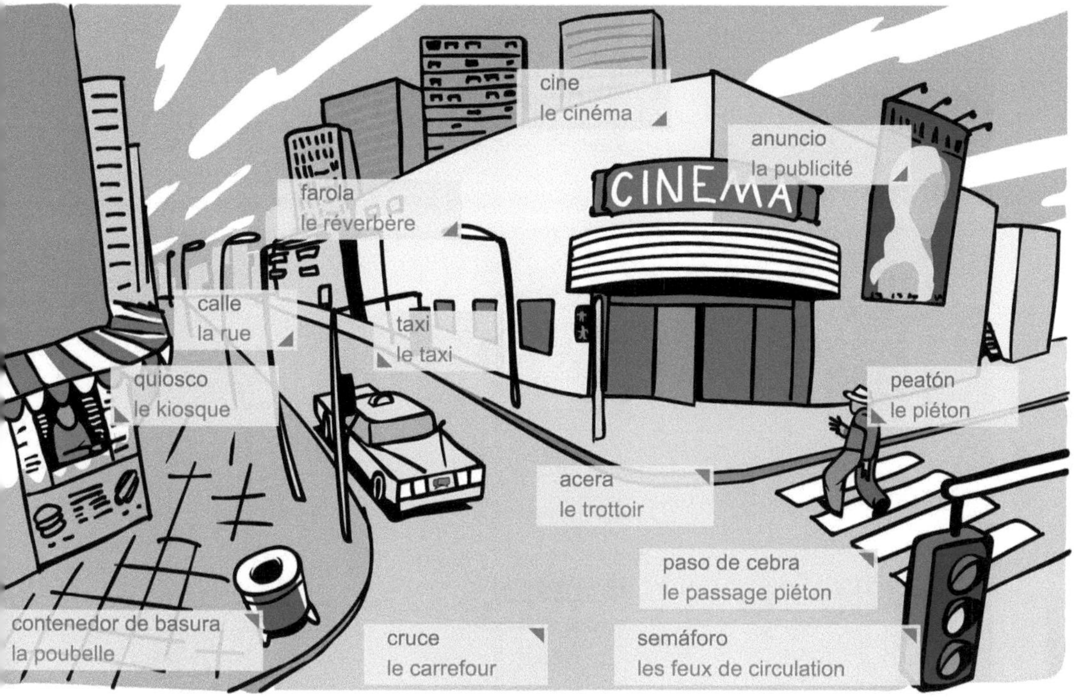

cine
le cinéma

anuncio
la publicité

farola
le réverbère

calle
la rue

taxi
le taxi

quiosco
le kiosque

peatón
le piéton

acera
le trottoir

paso de cebra
le passage piéton

contenedor de basura
la poubelle

cruce
le carrefour

semáforo
les feux de circulation

cabaña

la cabane

apartamento

l'appartement

estación de tren

la gare

ayuntamiento

la mairie

museo

le musée

escuela

l'école

ciudad - la ville

universidad

l'université

banco

la banque

hospital

l'hôpital

hotel

l'hôtel

farmacia

la pharmacie

oficina

le bureau

librería

la librairie

tienda

le magasin

floristería

le fleuriste

supermercado

le supermarché

mercado

le marché

grandes almacenes

le grand magasin

pescadería

la poissonnerie

centro comercial

le centre commercial

puerto

le port

parque
le parc

banco
la banque

puente
le pont

escaleras
les escaliers

metro
le métro

túnel
le tunnel

parada de autobús
l'arrêt de bus

bar
le bar

restaurante
le restaurant

buzón
la boîte à lettres

poste indicador
le panneau indicateur

parquímetro
le parcmètre

zoo
le zoo

piscina
le réverbère

mezquita
la mosquée

granja
la ferme

contaminación
la pollution

cementerio
la cimetière

iglesia
l'église

patio de juego
l'aire de jeux

templo
le temple

paisaje
le paysage

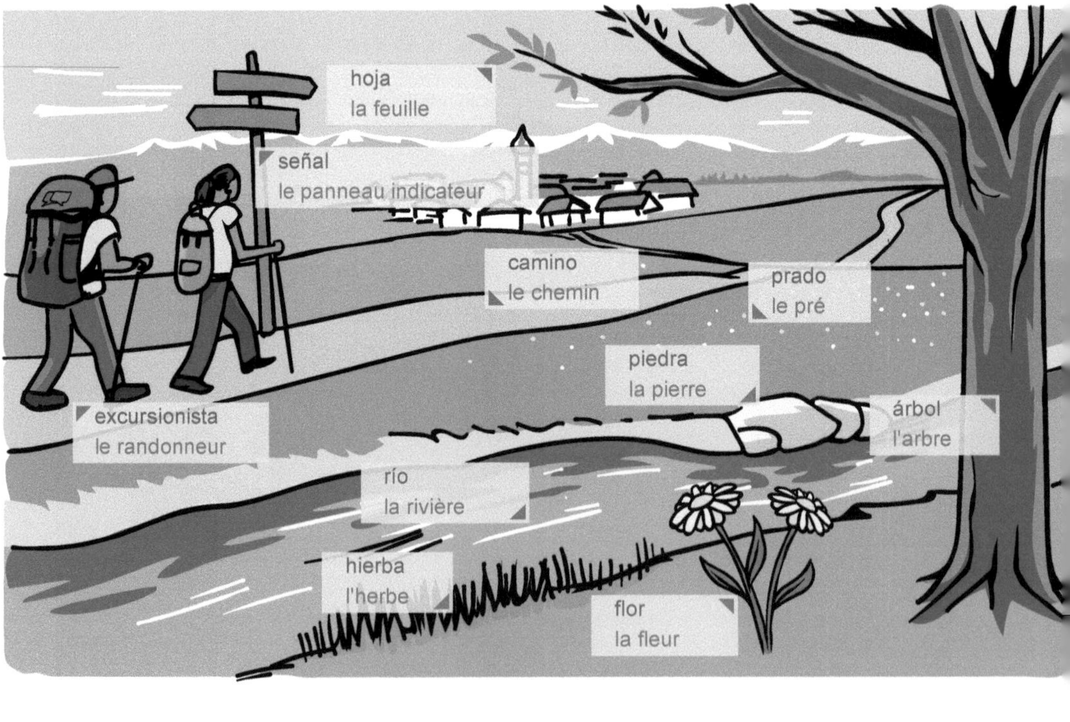

hoja
la feuille

señal
le panneau indicateur

camino
le chemin

prado
le pré

piedra
la pierre

árbol
l'arbre

excursionista
le randonneur

río
la rivière

hierba
l'herbe

flor
la fleur

valle

la vallée

colina

la montagne

lago

le lac

bosque

la forêt

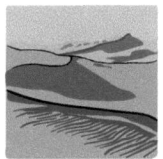

desierto

le désert

volcán

le volcan

castillo

le château

arcoíris

l'arc-en-ciel

champiñón

le champignon

palmera

le palmier

mosquito

le moustique

mosca

la mouche

hormiga

les fourmis

abeja

l'abeille

araña

l'araignée

escarabajo

le coléoptère

rana

la grenouille

ardilla

l'écureuil

erizo

le hérisson

liebre

le lièvre

lechuza

la chouette

pájaro

l'oiseau

cisne

le cygne

jabalí

le sanglier

ciervo

le cerf

alce

l'élan

presa

le barrage

turbina eólica

l'éolienne

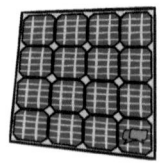

panel solar

le panneau solaire

clima

le climat

restaurante
le restaurant

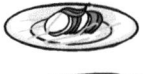

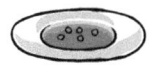

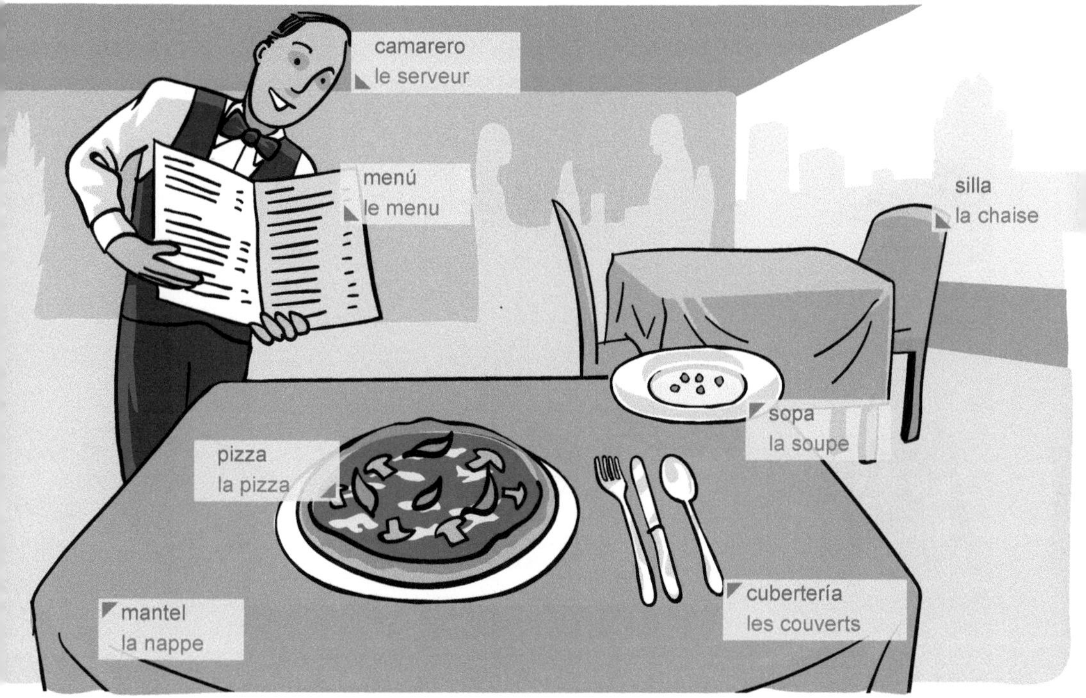
camarero
le serveur
menú
le menu
silla
la chaise
sopa
la soupe
pizza
la pizza
cubertería
les couverts
mantel
la nappe

primer plato

les hors d'œuvre

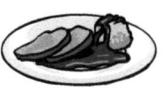

plato principal

le plat principal

postre

le dessert

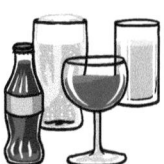

bebidas

les boissons

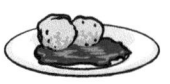

comida

l'alimentation

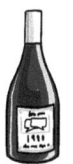

botella

la bouteille

comida rápida

le fast-food

comida callejera

les plats à emporter

tetera

la théière

azucarero

le sucrier

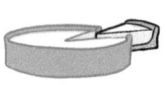

porción

la portion

cafetera expreso

la machine à expresso

trona

la chaise haute

cuenta

la facture

bandeja

le plateau

cuchillo

le couteau

tenedor

la fourchette

cuchara

la cuillère

cucharilla

la cuillère à thé

servilleta

la serviette

vaso

le verre

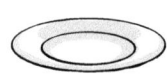

plato

l'assiette

plato hondo

l'assiette à soupe

platillo

la soucoupe

salsa

la sauce

salero

la salière

molinillo de pimienta

le moulin à poivre

vinagre

le vinaigre

aceite

l'huile

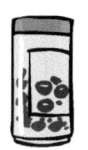

especias

les épices

ketchup

le ketchup

mostaza

la moutarde

mayonesa

la mayonnaise

supermercado
le supermarché

oferta especial
l'offre promotionnelle
FOR
cliente
le client
lácteos
les produits laitiers
fruta
les fruits
carro de la compra
le chariot

BUTCHERS

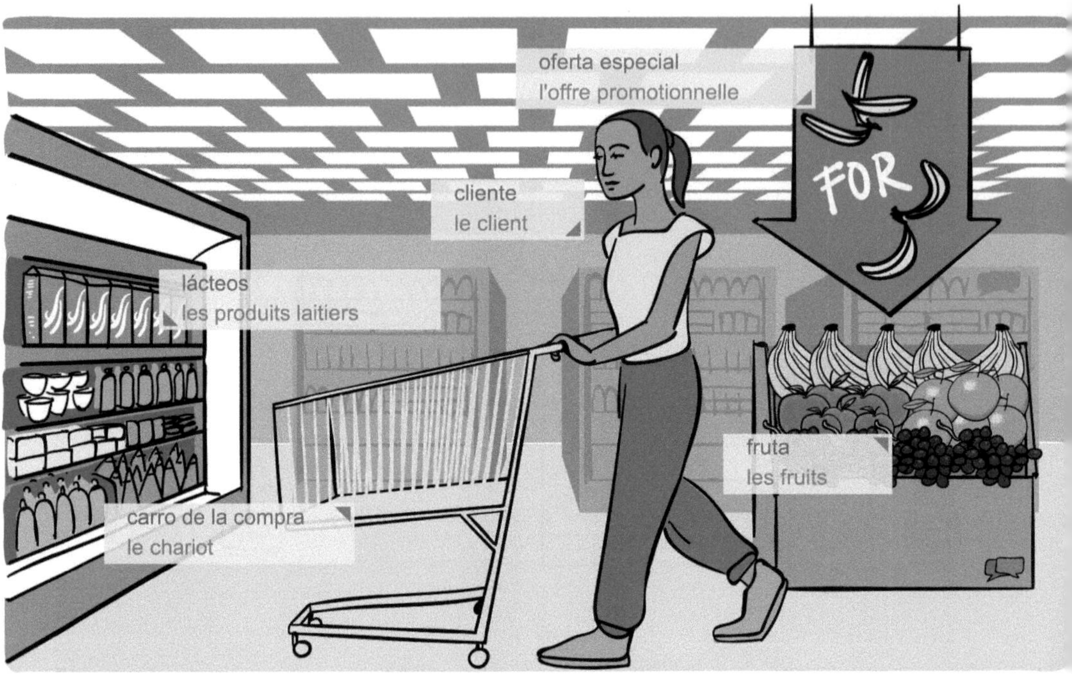

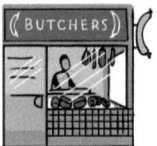

carnicería

la boucherie

BAKERY

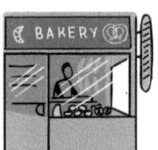

panadería

la boulangerie

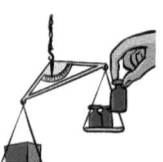

pesar

peser

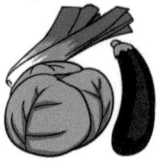

verduras

les légumes

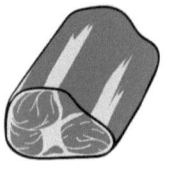

carne

la viande

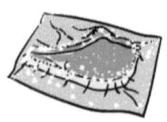

alimentos congelados

les aliments surgelés

fiambres

la charcuterie

conservas

les conserves

detergente en polvo

la poudre à lessive

dulces

les bonbons

productos de uso doméstico

les articles ménagers

productos de limpieza

les détergents

vendedora

la vendeuse

caja

la caisse

cajero

le caissier

lista de la compra

la liste d'achats

horario de atención al público

les heures d'ouverture

cartera

le portefeuille

tarjeta de crédito

la carte de crédit

bolsa

le sac

bolsa de plástico

le sac en plastique

agua

l'eau

zumo

le jus de fruit

leche

le lait

cola

le coca

vino

le vin

cerveza

la bière

alcohol

l'alcool

cacao

le chocolat chaud

té

le thé

café

le café

expreso

l'expresso

capuchino

le cappuccino

plátano
la banane

manzana
la pomme

naranja
l'orange

melón
le melon

limón
le citron.

zanahoria
la carotte

ajo
l'ail

bambú
le bambou

cebolla
l'oignon

champiñón
le champignon

avellanas
les noisettes

fideos
les pâtes

espagueti

les spaghetti

arroz

le riz

ensalada

la salade

patatas fritas

les pommes frites

patatas fritas

les pommes de terre rôties

pizza

la pizza

hamburguesa

le hamburger

sándwich

le sandwich

filete

l'escalope

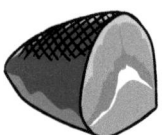

jamón

le jambon

salami

le salami

salchicha

la saucisse

pollo

le poulet

asado

le rôti

pescado

le poisson

copos de avena

les flocons d'avoine

muesli

le muesli

copos de maíz

les cornflakes

harina

la farine

cruasán

le croissant

panecillo

les petits-pains

pan

le pain

tostada

le pain grillé

galletas

les biscuits

mantequilla

le beurre

cuajada

le fromage blanc

pastel

le gâteau

huevo

l'œuf

huevo frito

l'œuf au plat

queso

le fromage

helado

la glace

azúcar

le sucre

miel

le miel

mermelada

la confiture

crema de turrón

la crème nougat

curry

le curry

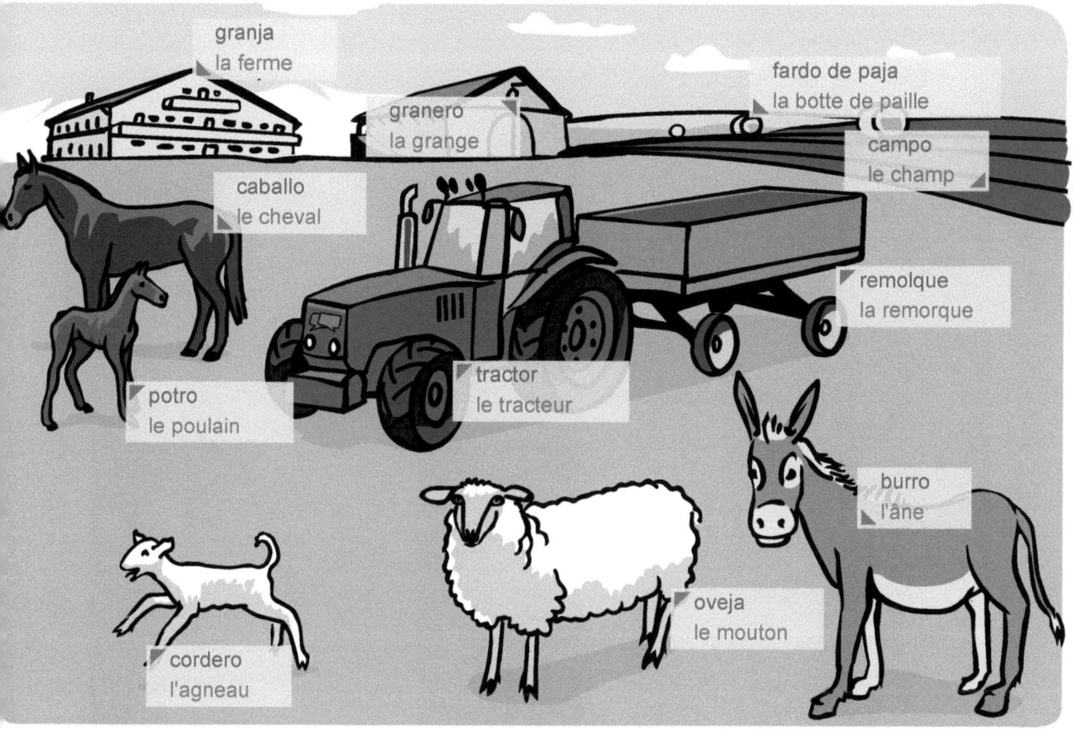

granja
la ferme

granero
la grange

fardo de paja
la botte de paille

campo
le champ

caballo
le cheval

remolque
la remorque

potro
le poulain

tractor
le tracteur

burro
l'âne

cordero
l'agneau

oveja
le mouton

cabra

la chèvre

vaca

la vache

ternero

le veau

cerdo

le porc

cerdito

le porcelet

toro

le taureau

ganso

l'oie

pato

le canard

pollo

le poussin

gallina

la poule

gallo

le coq

rata

le rat

gato

le chat

ratón

la souris

buey

le bœuf

perro

le chien

perrera

le chenil

manguera

le tuyau de jardin

regadera

l'arrosoir

guadaña

la faucheuse

arado

la charrue

hoz

la faucille

azada

la pioche

horca

la fourche

hacha

la hache

carretilla

la brouette

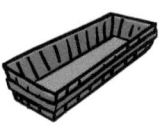

abrevadero

la cuve

lechera

le pot à lait

saco

le sac

valla

la clôture

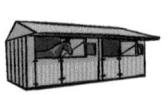

establo

l'étable

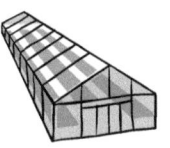

invernadero

le serre

suelo

le sol

semilla

les semences

fertilizador

l'engrais

cosechadora

la moissonneuse-batteuse

cosechar

récolter

cosecha

la récolte

ñame

l'igname

trigo

le blé

soja

le soja

patata

la pomme de terre

maíz

le maïs

semilla de colza

le colza

árbol frutal

l'arbre fruitier

mandioca

le manioc

cereales

les céréales

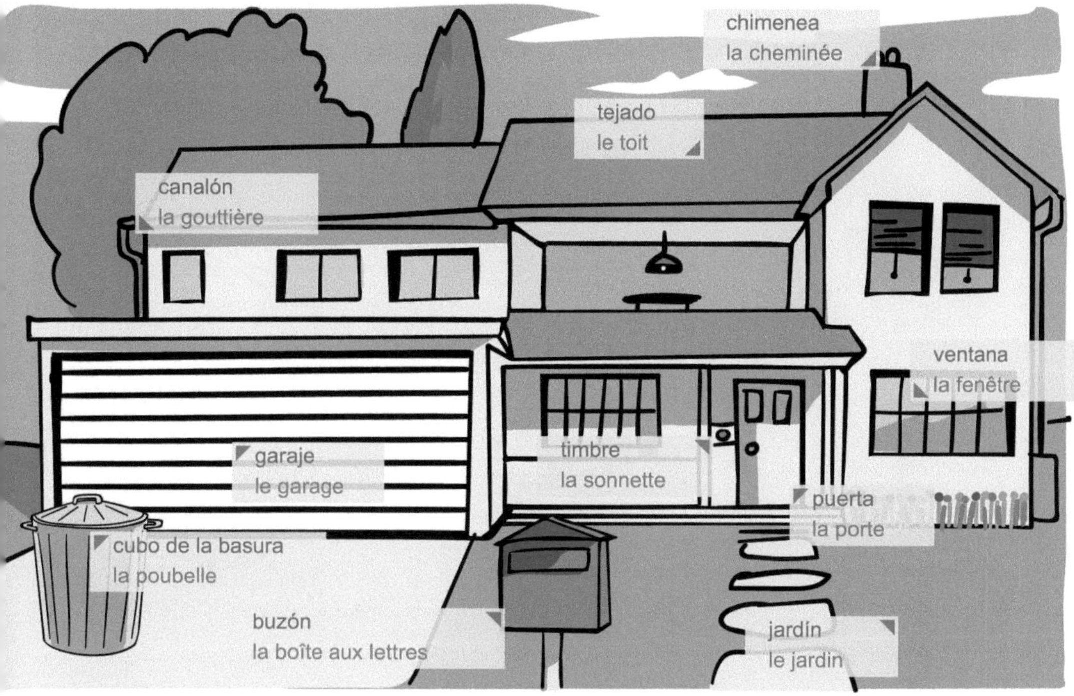

chimenea
la cheminée

tejado
le toit

canalón
la gouttière

ventana
la fenêtre

garaje
le garage

timbre
la sonnette

puerta
la porte

cubo de la basura
la poubelle

buzón
la boîte aux lettres

jardín
le jardin

sala

le salon

cuarto de baño

la salle de bain

cocina

la cuisine

dormitorio

la chambre à coucher

habitación de los niños

la chambre d'enfant

comedor

la salle à manger

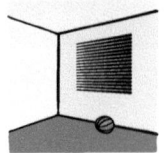

suelo
le sol

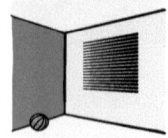

pared
le mur

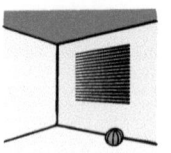

techo
le plafond

sótano
la cave

sauna
le sauna

balcón
le balcon

terraza
la terrasse

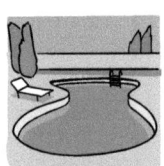

piscina
la piscine

cortacésped
la tondeuse à gazon

sábana
la housse

colcha
la couette

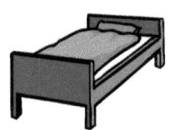

cama
le lit

escoba
le balai

balde
le sceau

interruptor
l'interrupteur

sala

le salon

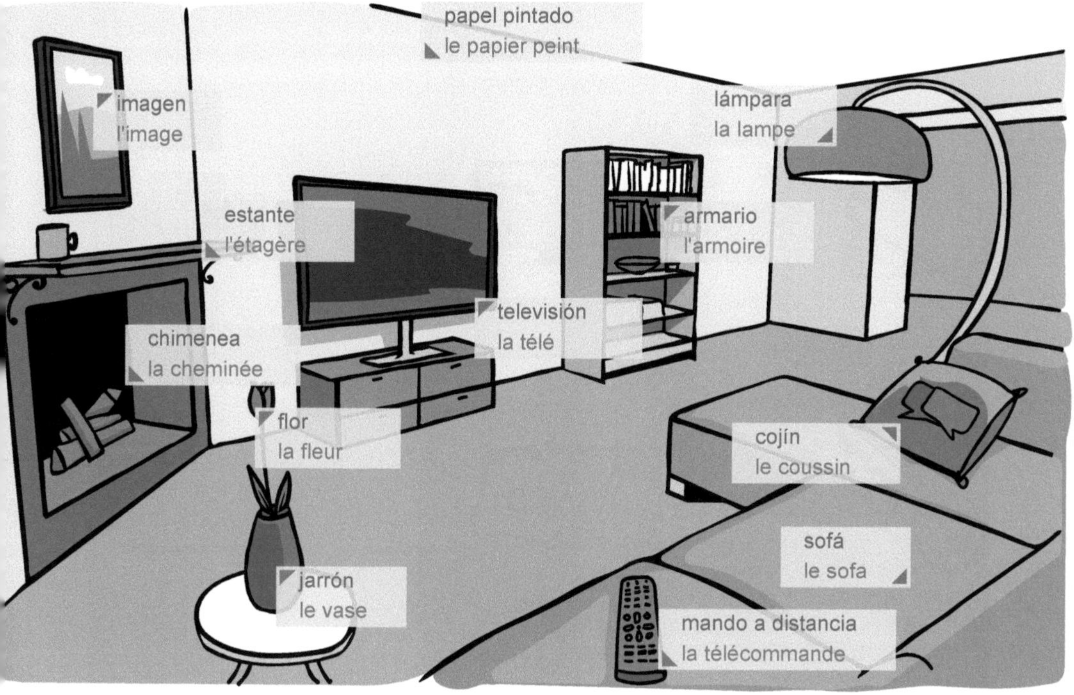

papel pintado
le papier peint
imagen
l'image
lámpara
la lampe
estante
l'étagère
armario
l'armoire
televisión
la télé
chimenea
la cheminée
flor
la fleur
cojín
le coussin
sofá
le sofa
jarrón
le vase
mando a distancia
la télécommande

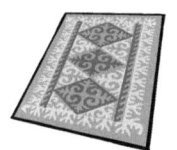

alfombra

le tapis

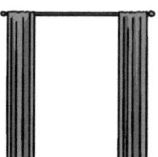

cortina

le rideau

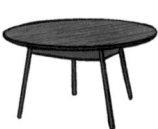

mesa

la table

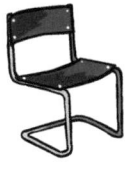

silla

la chaise

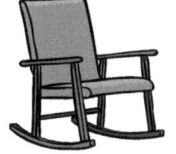

mecedora

la chaise à bascule

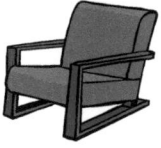

butaca

le fauteuil

libro

le livre

manta

la couverture

decoración

la décoration

leña

le bois de chauffage

película

le film

equipo de música

la chaîne hi-fi

llave

la clé

periódico

le journal

pintura

la peinture

póster

le poster

radio

la radio

cuaderno

le bloc-notes

aspiradora

l'aspirateur

cactus

le cactus

vela

la bougie

cocina
la cuisine

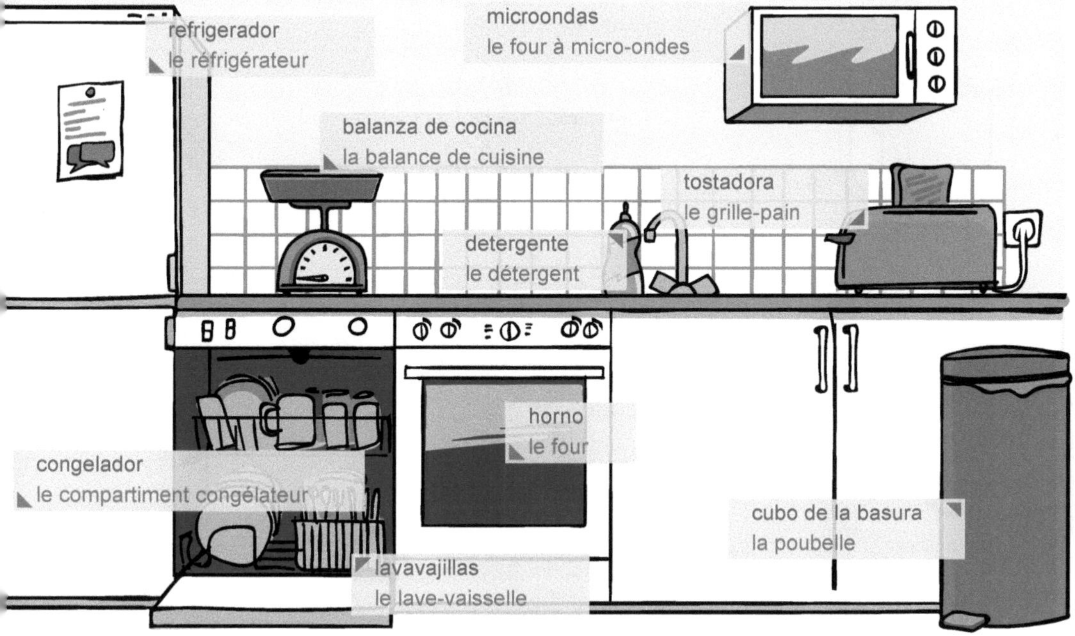

refrigerador
le réfrigérateur
microondas
le four à micro-ondes
balanza de cocina
la balance de cuisine
tostadora
le grille-pain
detergente
le détergent
horno
le four
congelador
le compartiment congélateur
cubo de la basura
la poubelle
lavavajillas
le lave-vaisselle

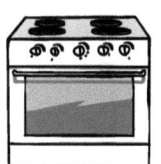

olla a presión

le four

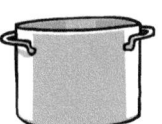

olla

la casserole

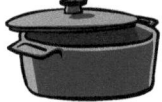

olla de hierro fundido

la marmite

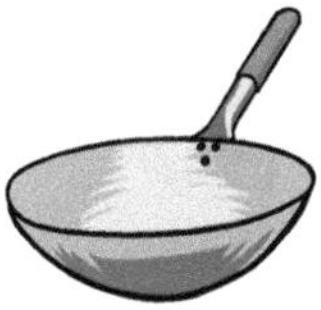

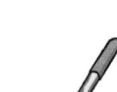

wok / karahi

le wok / kadai

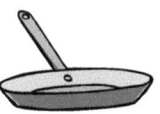

cazuela

la poêle

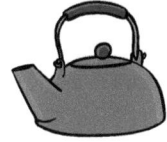

hervidor

la bouilloire electrique

vaporera

le cuiseur vapeur

chapa de horno

la plaque de cuisson

vajilla

la vaisselle

taza

le gobelet

tazón

la coupe

palillos

les baguettes

cucharón

la louche

espumadera

la spatule

batidor

le fouet

colador

la passoire

cedazo

le tamis

rallador

la râpe

mortero

le mortier

barbacoa

le barbecue

hoguera

la cheminée

tabla de picar

la planche à découper

rodillo

le rouleau à pâtisserie

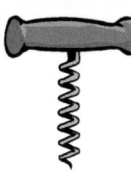

sacacorchos

le tire-bouchon

lata

la boîte

abrelatas

l'ouvre-boîte

agarrador

les maniques

lavabo

le lavabo

cepillo

la brosse

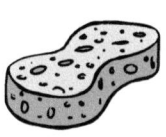

esponja

l'éponge

batidora

le mixeur

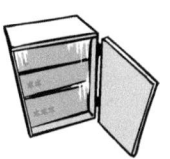

congelador

le congélateur

biberón

le biberon

grifo

le robinet

cuarto de baño
la salle de bain

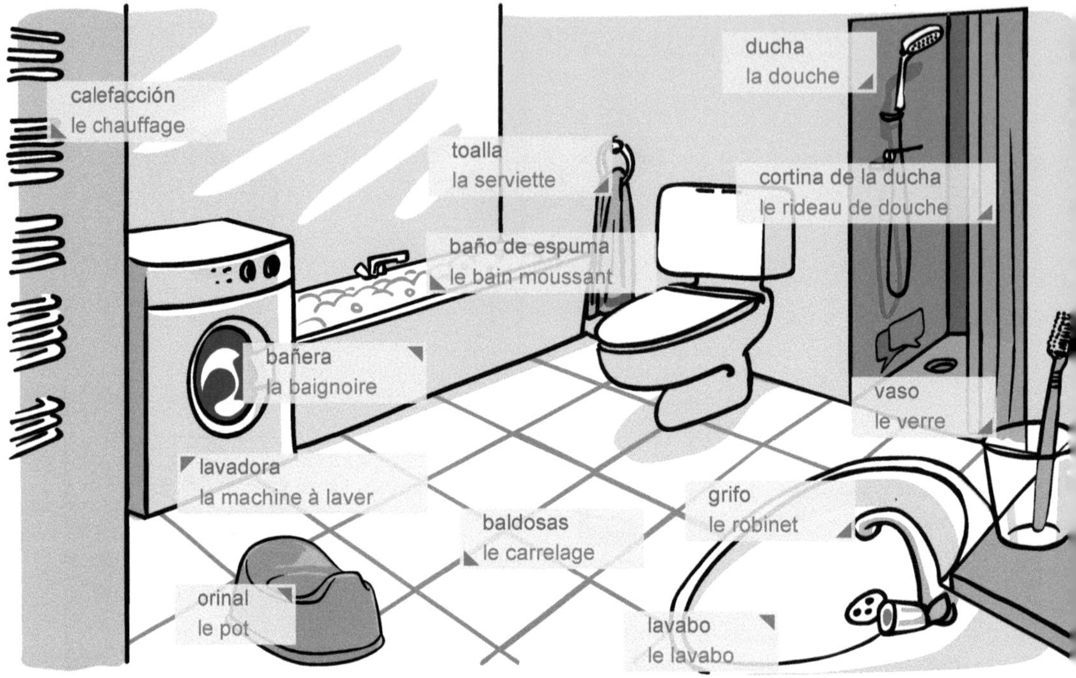

ducha
la douche
calefacción
le chauffage
toalla
la serviette
cortina de la ducha
le rideau de douche
baño de espuma
le bain moussant
bañera
la baignoire
vaso
le verre
lavadora
la machine à laver
grifo
le robinet
baldosas
le carrelage
orinal
le pot
lavabo
le lavabo

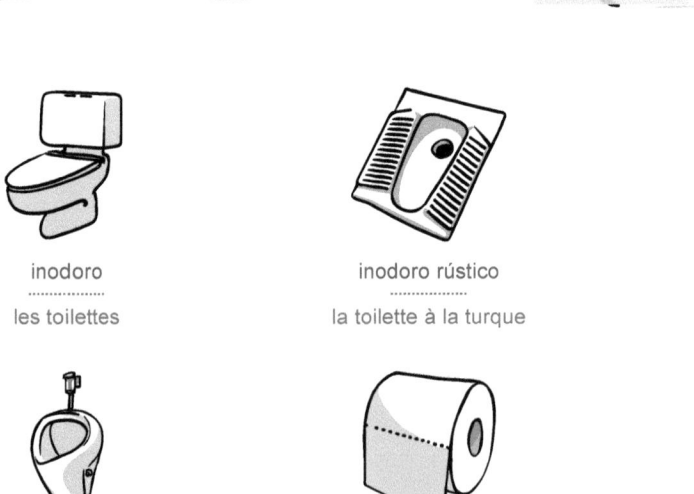

inodoro

les toilettes

inodoro rústico

la toilette à la turque

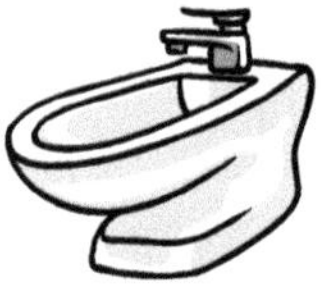

bidé

le bidet

urinario

l'urinoir

papel higiénico

le papier toilette

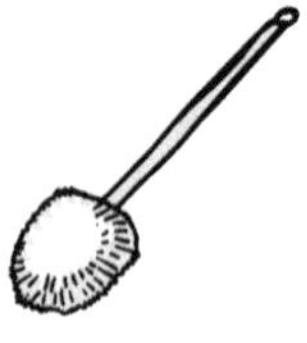

escobilla del váter

la brosse à toilette

cepillo de dientes
la brosse à dents

pasta de dientes
le dentifrice

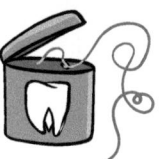

hilo dental
le fil dentaire

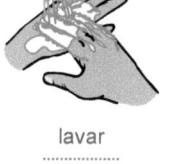

lavar
laver

ducha de mano
la douche manuelle

ducha íntima
la douche intime

pila
la vasque

cepillo de espalda
la brosse dorsale

jabón
le savon

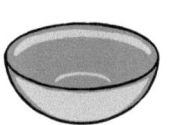

gel de ducha
le gel douche

champú
le shampooing

toallita
le gant de toilette

desagüe
l'écoulement

crema
la crème

desodorante
le déodorant

espejo

le miroir

espejo de tocador

le miroir cosmétique

maquinilla de afeitar

le rasoir

espuma de afeitar

la mousse à raser

loción postafeitado

l'après-rasage

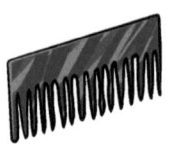

peine

la peigne

cepillo

la brosse

secador

le sèche-cheveux

laca

la laque pour cheveux

maquillaje

le fond de teint

pintalabios

le rouge à lèvres

pintauñas

le vernis à ongles

algodón

l'ouate

cortauñas

le coupe-ongles

perfume

le parfum

estuche de viaje

la trousse de toilette

banqueta

le tabouret

balanza

le pèse-personne

albornoz

le peignoir

guantes de goma

les gants de nettoyage

tampón

le tampon

compresa

les serviettes hygiéniques

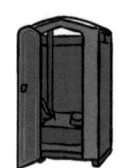

inodoro químico

la toilette chimique

habitación de los niños

la chambre d'enfant

despertador
le réveil
peluche
le doudou
coche de juguete
la voiture jouet
sonajero
le hochet
casa de muñecas
la maison de poupée
regalo
le cadeau

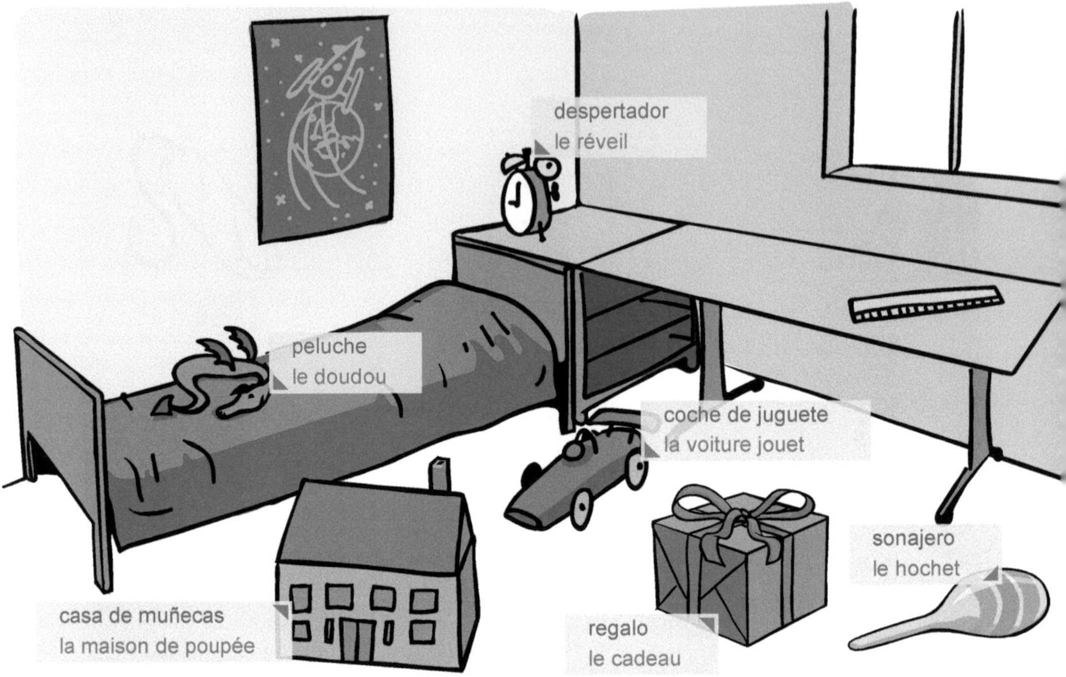

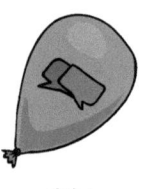

globo

le ballon

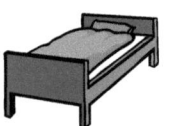

cama

le lit

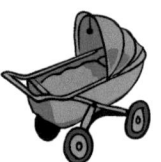

coche de niño

la poussette

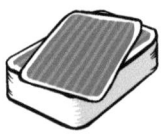

naipes

le jeu de cartes

puzle

le puzzle

SUPER
MEGA

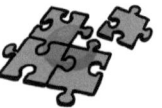

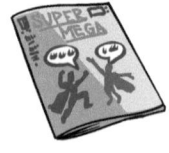

tebeo

la bande dessinée

piezas de lego

les pièces lego

bloques de juguete

les blocs de construction

figura de acción

la figurine

bodi (de bebé)

la grenouillère

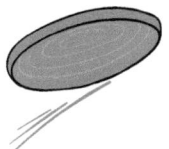

frisbee

le frisbee

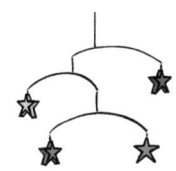

colgador móvil para bebés

le mobile

juego de mesa

le jeu de société

dados

le dé

circuito de tren eléctrico

le train miniature

maniquí

la sucette

fiesta

la fête

álbum de fotos

le livre d'images

pelota

la balle

muñeca

la poupée

jugar

jouer

cajón de arena

le bac à sable

columpio

la balançoire

juguetes

les jouets

videoconsola

la console de jeu

triciclo

le tricycle

oso de peluche

l'ours en peluche

guardarropa

l'armoire

ropa
les vêtements

calcetines

les chaussettes

medias

les bas

leotardos

le collant

bufanda
l'écharpe

paraguas
le parapluie

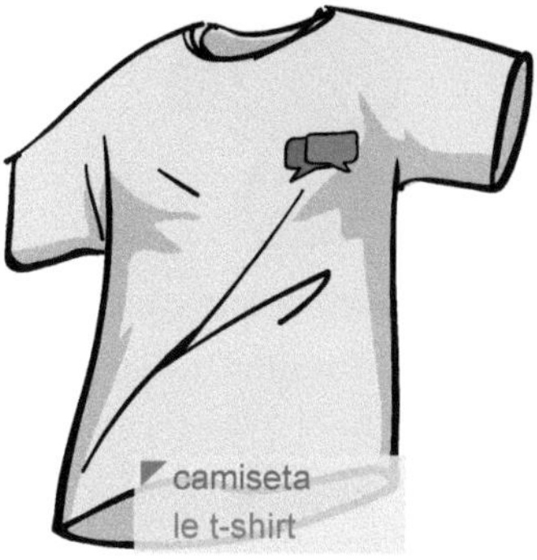

camiseta
le t-shirt

cinturón
la ceinture

botas
les bottes

zapatillas
les pantoufles

deportivas
les baskets

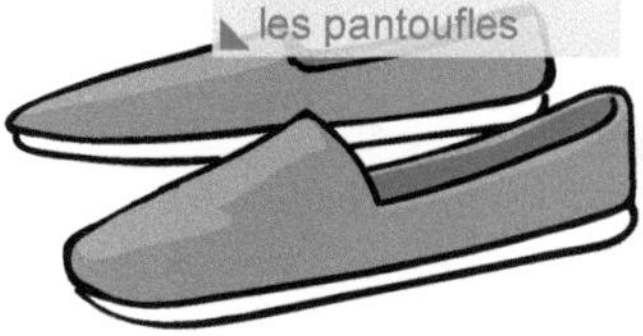

sandalias

les sandales

zapatos

les chaussures

botas de goma

les bottes de caoutchouc

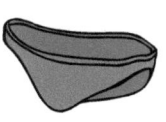

slip

les sous-vêtements

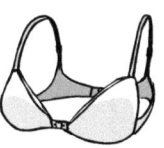

sostén

le soutien-gorge

chaleco

le maillot de corps

ropa - les vêtements

bodi

le body

pantalones

le pantalon

vaqueros

le jean

falda

la jupe

blusa

le chemisier

camisa

la chemise

jersey

le pull

suéter

le sweat à capuche

blazer

la veste

chaqueta

la veste

abrigo

le manteau

gabardina

l'imperméable

traje

le costume

vestido

la robe

vestido de novia

la robe de mariée

traje
le costume

camisón
la chemise de nuit

pijama
le pyjama

sari
le sari

bandana
le foulard

turbante
le turban

burka
la burqa

caftán
le caftan

abaya
l'abaya

traje de baño
le maillot de bain

bañador
le maillot de bain

pantalones cortos
le short

chándal
la tenue d'entraînement

delantal
le tablier

guantes
les gants

botón

le bouton

gafas

les lunettes

brazalete

le bracelet

collar

le collier

anillo

la bague

pendiente

la boucle d'oreille

gorra

le bonnet

percha

le cintre

sombrero

le chapeau

corbata

la cravate

cremallera

la fermeture éclair

casco

le casque

tirantes

les bretelles

uniforme escolar

l'uniforme scolaire

uniforme

l'uniforme

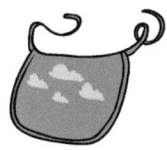

babero

le bavoir

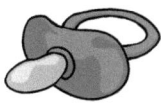

maniquí

la sucette

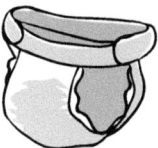

pañal

la lange

oficina

le bureau

servidor
le serveur
archivo
l'armoire d'archivage
impresora
l'imprimante
papel
le papier
monitor
l'écran
ratón
la souris
escritorio
le bureau
carpeta
le classeur
teclado
le clavier
papelera
la corbeille à papier
silla
la chaise
ordenador
l'ordinateur

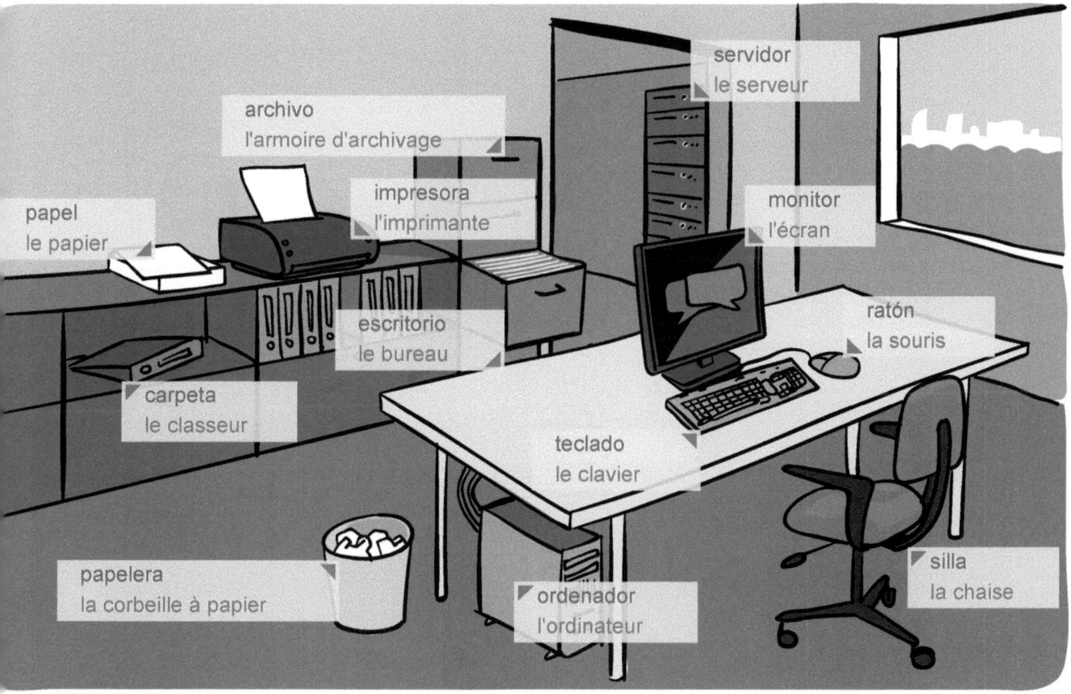

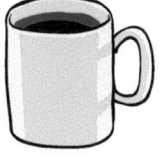

taza de café

la tasse de café

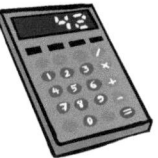

calculadora

la calculatrice

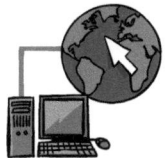

internet

l'internet

portátil

l'ordinateur portable

carta

la lettre

mensaje

le message

móvil

le portable

red

le réseau

fotocopiadora

la photocopieuse

software

le logiciel

teléfono

le téléphone

toma de corriente

la prise

fax

le fax

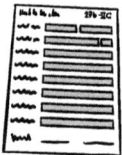

formulario

le formulaire

documento

le document

comprar

acheter

pagar

payer

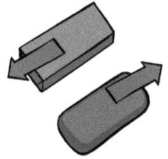

comerciar

faire du commerce

dinero

la monnaie

dólar

le dollar

euro

l'euro

yen

le yen

rublo

le rouble

franco suizo

le franc suisse

renminbi yuan

le renminbi yuan

rupia

la roupie

cajero automático

le distributeur automatique

oficina de cambio de divisas

le bureau de change

oro

l'or

plata

l'argent

petróleo

le pétrole

energía

l'énergie

precio

le prix

contrato

le contrat

impuesto

la taxe

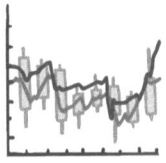

acción

l'action

trabajar

travailler

empleado

l'employé

empleador

l'employeur

fábrica

l'usine

tienda

le magasin

economía - l'économie

oficios

les professions

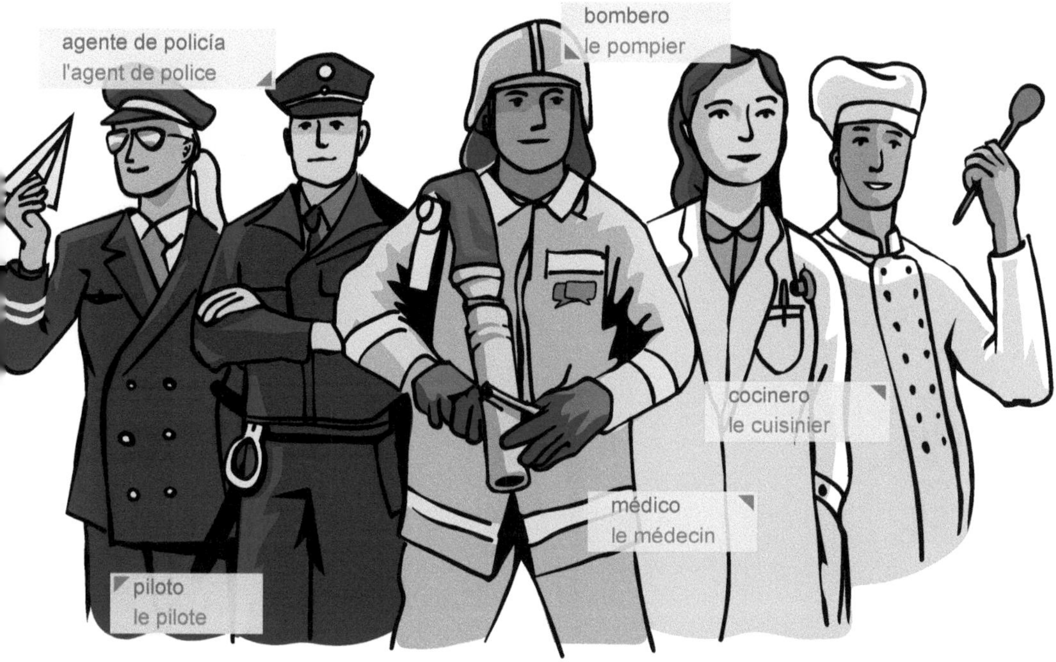

agente de policía
l'agent de police
bombero
le pompier
cocinero
le cuisinier
médico
le médecin
piloto
le pilote

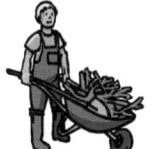

jardinero

le jardinier

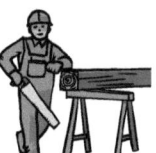

carpintero

le menuisier

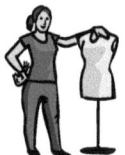

costurera

la couturière

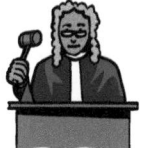

juez

le juge

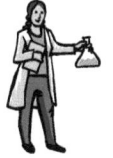

farmacéutico

le chimiste

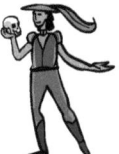

actor

l'acteur

conductor de autobús

le conducteur de bus

taxista

le chauffeur de taxi

pescador

le pêcheur

señora de la limpieza

la femme de ménage

techador

le couvreur

camarero

le serveur

cazador

le chasseur

pintor

le peintre

panadero

le boulanger

electricista

l'électricien

obrero

l'ouvrier

ingeniero

l'ingénieur

carnicero

le boucher

fontanero

le plombier

cartero

le facteur

soldado

le soldat

arquitecto

l'architecte

cajero

le caissier

florista

le fleuriste

peluquero

le coiffeur

revisor

le contrôleur

mecánico

le mécanicien

capitán

le capitaine

dentista

le dentiste

científico

le scientifique

rabino

le rabbin

imán

l'imam

monje

le moine

sacerdote

le prêtre

herramientas
les outils

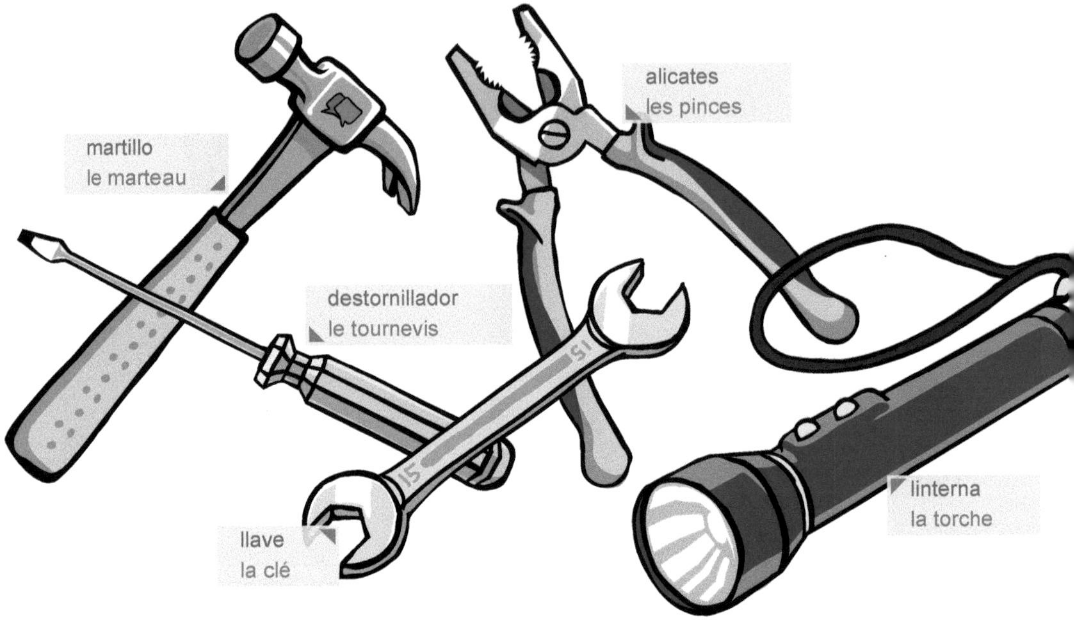

martillo
le marteau
alicates
les pinces
destornillador
le tournevis
llave
la clé
linterna
la torche

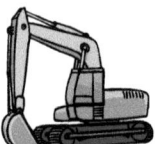

excavadora

la pelleteuse

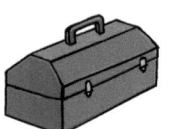

caja de herramientas

la boîte à outils

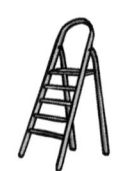

escalera de mano

l'échelle

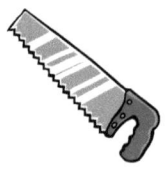

sierra

la scie

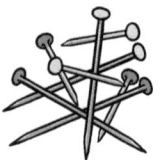

clavos

les clous

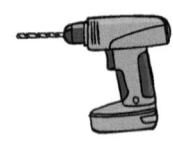

taladro

la perceuse

reparar
....
réparer

pala
....
la pelle

¡Maldita sea!
....
Mince !

recogedor
....
la pelle

bote de pintura
....
le pot de peinture

tornillos
....
les vis

instrumentos musicales
les instruments de musique

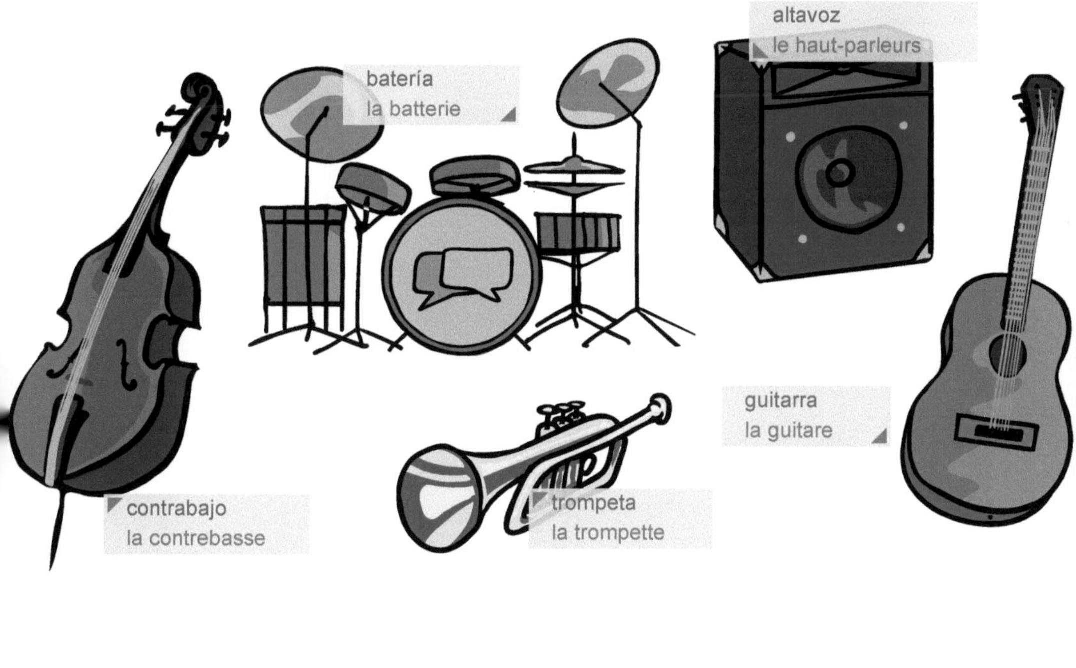

batería
la batterie

altavoz
le haut-parleurs

guitarra
la guitare

contrabajo
la contrebasse

trompeta
la trompette

piano

le piano

violín

le violon

bajo

la basse

timbales

les timbales

tambor

le tambour

teclado

le piano électrique

saxofón

le saxophone

flauta

la flûte

micrófono

le microphone

zoo

le zoo

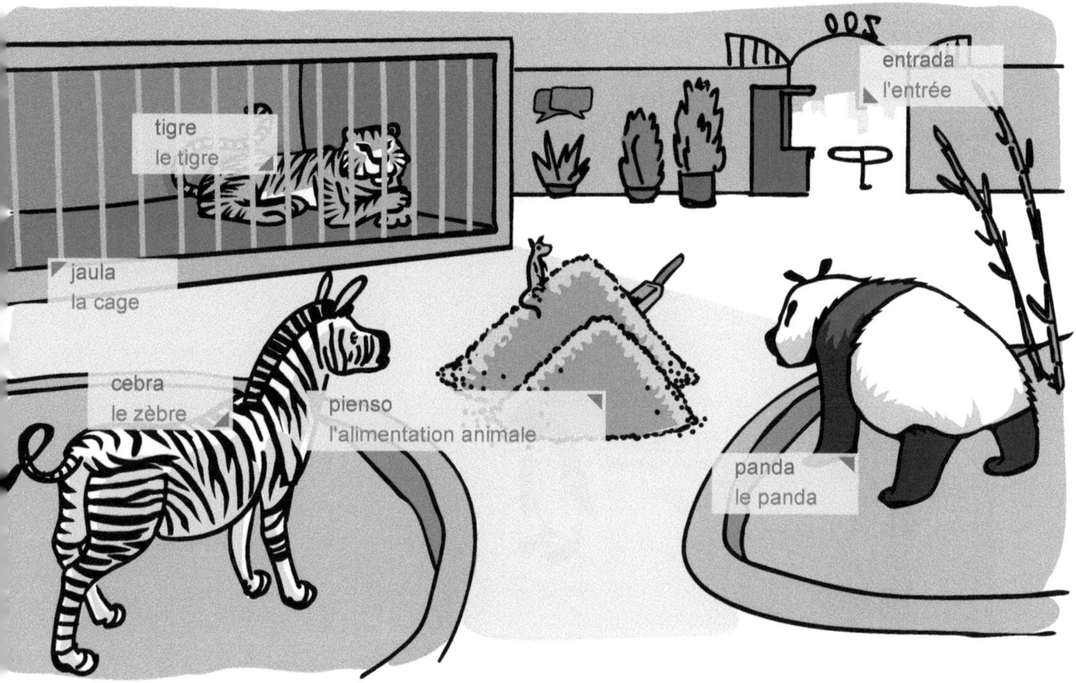

entrada
l'entrée
tigre
le tigre
jaula
la cage
cebra
le zèbre
pienso
l'alimentation animale
panda
le panda

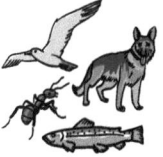

animales

les animaux

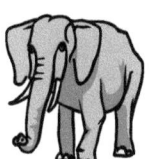

elefante

l'éléphant

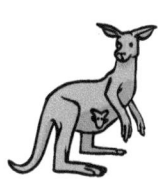

canguro

le kangourou

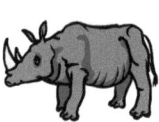

rinoceronte

le rhinocéros

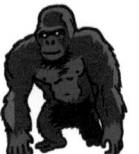

gorila

le gorille

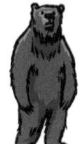

oso

l'ours

camello

le chameau

avestruz

l'autruche

león

le lion

mono

le singe

flamingo

le flamand rose

loro

le perroquet

oso polar

l'ours polaire

pingüino

le pingouin

tiburón

le requin

pavo real

le paon

serpiente

le serpent

cocodrilo

le crocodile

guardián de zoológico

le gardien de zoo

foca

le phoque

jaguar

le jaguar

poni

le poney

leopardo

le léopard

hipopótamo

l'hippopotame

jirafa

la girafe

águila

l'aigle

jabalí

le sanglier

pescado

le poisson

tortuga

la tortue

morsa

le morse

zorro

le renard

gacela

la gazelle

fútbol americano
l'american Football

ciclismo
le cyclisme

tenis
le tennis

baloncesto
le basket-ball

natación
la natation

boxeo
la boxe

hockey sobre hielo
le hockey sur glace

fútbol
le football

bádminton
le badminton

atletismo
l'athlétisme

balonmano
le handball

esquí
le ski

polo
le polo

actividades
les activités

saltar
sauter
abrazar
embrasser
reír
rire
caminar
marcher
cantar
chanter
soñar
rêver
rezar
prier
besar
faire la bise

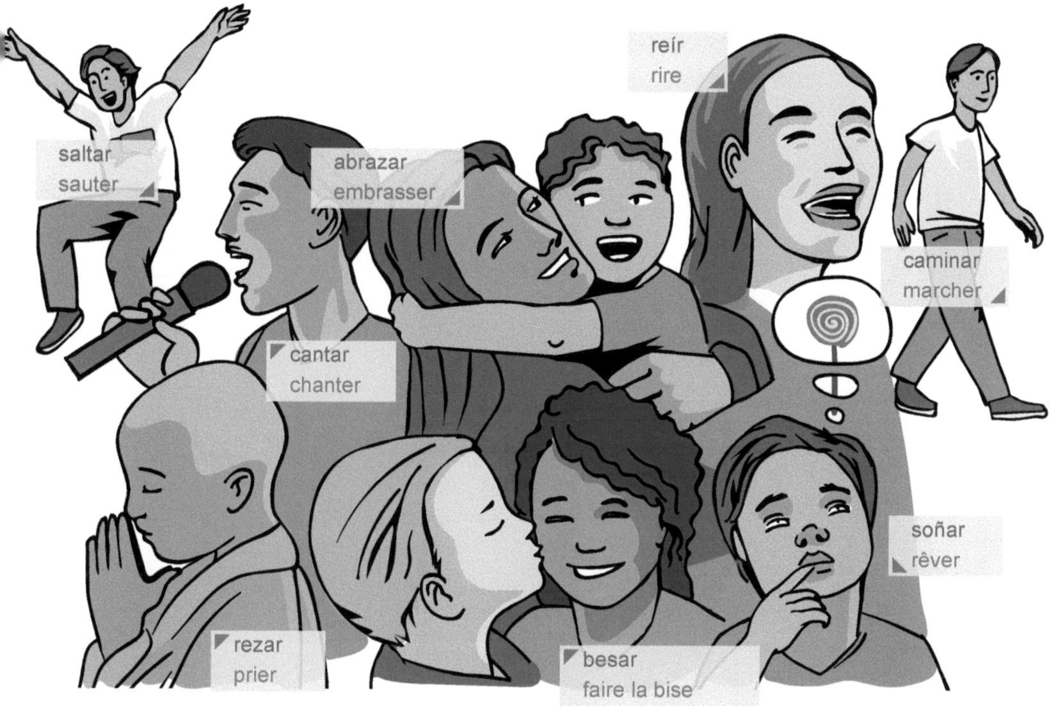

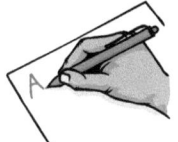

escribir

écrire

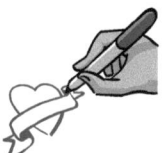

dibujar

dessiner

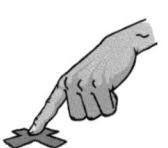

mostrar

montrer

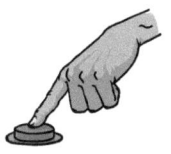

empujar

pousser

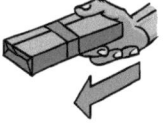

dar

donner

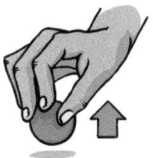

tomar

prendre

tener
avoir

hacer
faire

ser
être

estar de pie
être debout

correr
courir

tirar
trier

tirar
jeter

caer
tomber

yacer
être couché

esperar
attendre

llevar
porter

estar sentado
être assis

vestirse
s'habiller

dormir
dormir

despertar
se réveiller

mirar

regarder

llorar

pleurer

acariciar

caresser

peinar

peigner

hablar

parler

entender

comprendre

preguntar

demander

escuchar

écouter

beber

boire

comer

manger

ordenar

ranger

amar

aimer

cocinar

cuire

conducir

conduire

volar

voler

navegar

faire de la voile

calcular

calculer

leer

lire

aprender

apprendre

trabajar

travailler

casarse

se marier

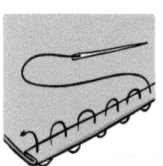

coser

coudre

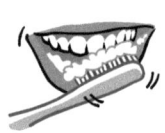

cepillarse los dientes

brosser les dents

matar

tuer

fumar

fumer

enviar

envoyer

actividades - les activités

abuela
la grand-mère

abuelo
le grand-père

padre
le père

madre
la mère

bebé
le bébé

hija
la fille

hijo
le fils

invitado

l'hôte

tía

la tante

tío

l'oncle

hermano

le frère

hermana

la sœur

cuerpo
le corps

frente
le front
ojo
l'œil
hombro
l'épaule
dedo
le doigt
cara
le visage
barbilla
le menton
mano
la main
pierna
la jambe
pecho
la poitrine
brazo
le bras

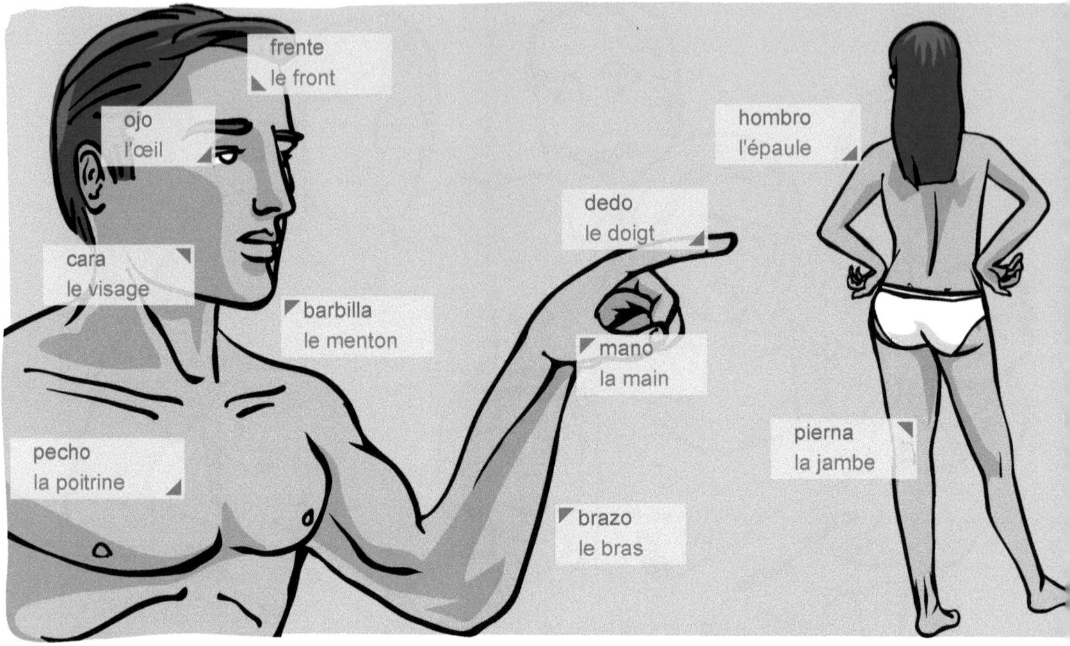

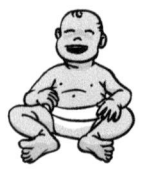

bebé

le bébé

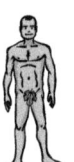

hombre

l'homme

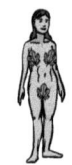

mujer

la femme

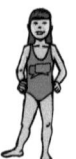

chica

la fille

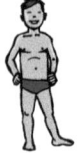

chico

le garçon

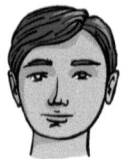

cabeza

la tête

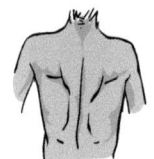

espalda

le dos

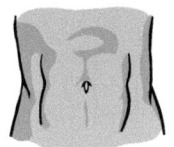

vientre

le ventre

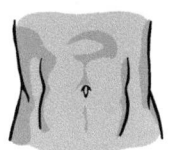

ombligo

le nombril

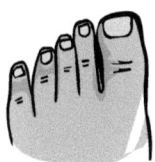

dedo del pie

l'orteil

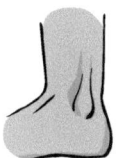

talón

le talon

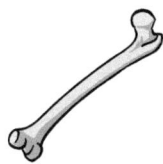

hueso

l'os

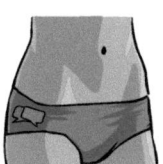

cadera

la hanche

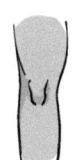

rodilla

le genou

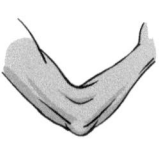

codo

le coude

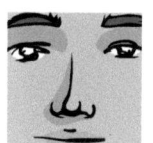

nariz

le nez

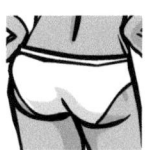

trasero

les fesses

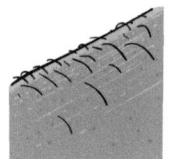

piel

la peau

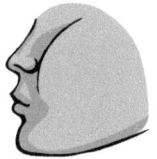

mejilla

la joue

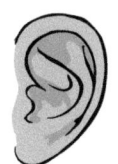

oído

l'oreille

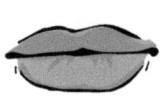

labio

la lèvre

boca

la bouche

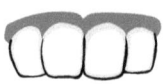

diente

la dent

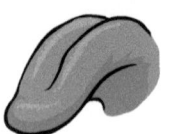

lengua

la langue

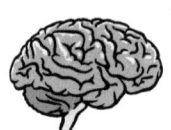

cerebro

le cerveau

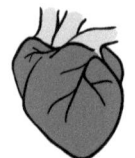

corazón

le cœur

músculo

le muscle

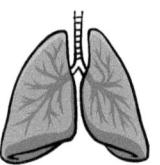

pulmón

les poumons

hígado

le foie

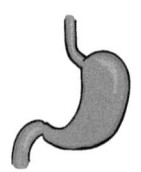

estómago

l'estomac

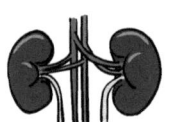

riñones

les reins

sexo

le rapport sexuel

condón

le préservatif

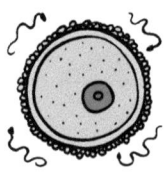

ovario

l'ovule

semen

le sperme

embarazo

la grossesse

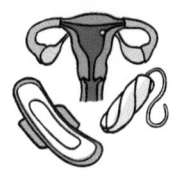

menstruación

la menstruation

vagina

le vagin

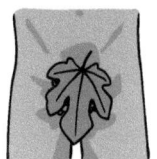

pene

le pénis

ceja

le sourcil

pelo

les cheveux

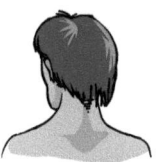

cuello

le cou

hospital
l'hôpital

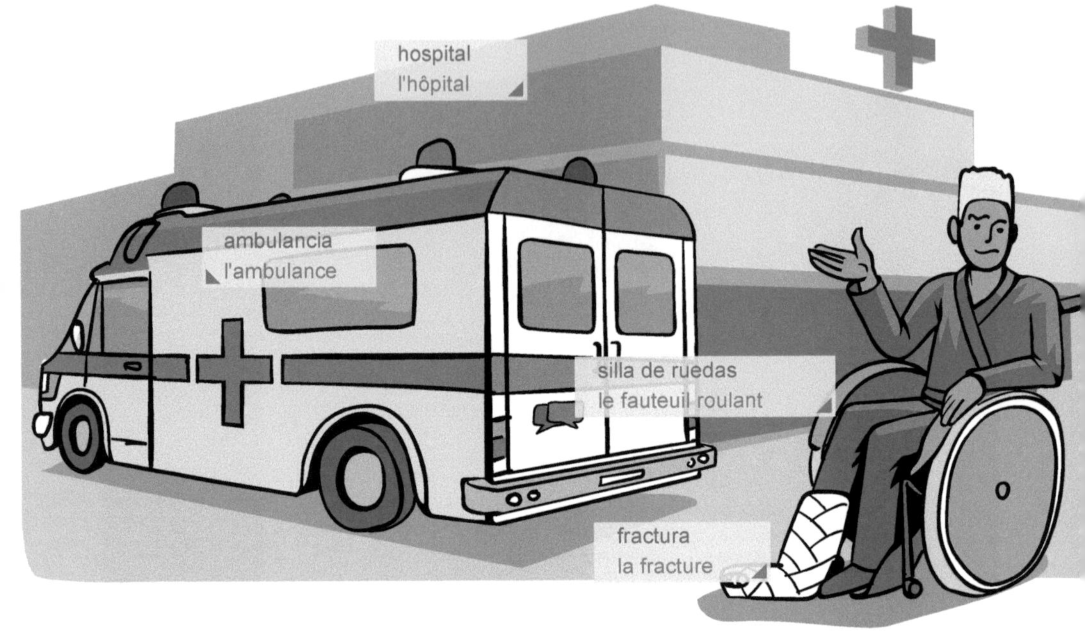

hospital
l'hôpital
ambulancia
l'ambulance
silla de ruedas
le fauteuil roulant
fractura
la fracture

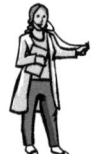

médico

le médecin

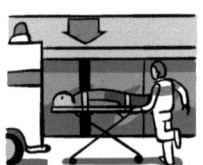

sala de urgencias

le service des urgences

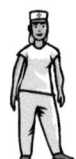

enfermera

l'infirmière

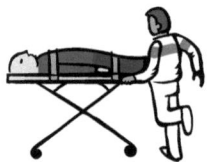

urgencia

l'urgence

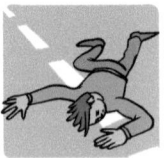

inconsciente

inconscient

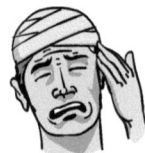

dolor

la douleur

lesión

la blessure

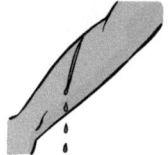

hemorragia

l'hémorragie

infarto

la crise cardiaque

ictus

l'attaque cérébrale

alergia

l'allergie

tos

la toux

fiebre

la fièvre

gripe

la grippe

diarrea

la diarrhée

dolor de cabeza

le mal de tête

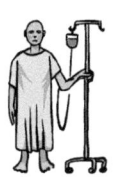

cáncer

le cancer

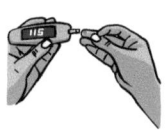

diabetes

le diabète

cirujano

le chirurgien

bisturí

le scalpel

operación

l'opération

TAC

le CT

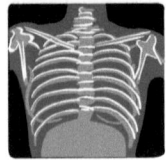

rayos x

la radiographie

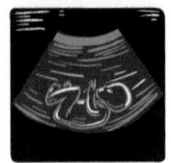

ultrasonido

l'échographie

mascarilla

le masque

enfermedad

la maladie

sala de espera

la salle d'attente

muleta

la béquille

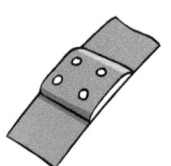

tirita

le pansement

venda

le pansement

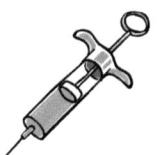

inyección

l'injection

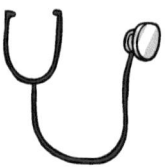

estetoscopio

le stéthoscope

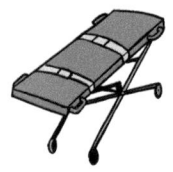

camilla

le brancard

termómetro

le thermomètre

nacimiento

l'accouchement

sobrepeso

la surcharge pondérale

audífono
l'appareil auditif

desinfectante
le désinfectant

infección
l'infection

virus
le virus

VIH / SIDA
le VIH / le sida

medicina
le médicament

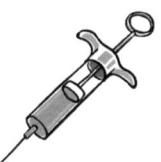

vacunación
la vaccination

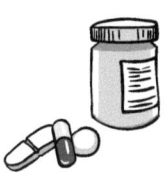

tabletas
les comprimés

pastilla
la pilule

llamada de urgencia
l'appel d'urgence

tensiómetro
le tensiomètre

enfermo / sano
malade / sain

¡Socorro!
Au secours !

alarma
l'alarme

asalto
l'assaut

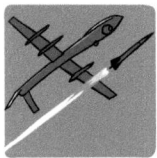

ataque
l'attaque

peligro
le danger

salida de emergencia
la sortie de secours

¡Fuego!
Au feu!

extintor de incendios
l'extincteur

accidente
l'accident

botiquín de primeros
auxilios
la trousse de premier
secours

SOS
SOS

policía
la police

Europa

l'Europe

Norteamérica

l'Amérique du Nord

Sudamérica

l'Amérique du Sud

África

l'Afrique

Asia

l'Asie

Australia

l'Australie

Atlántico

l'Océan atlantique

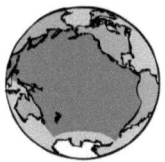

Pacífico

l'Océan pacifique

Océano Índico

l'Océan indien

Océano Antártico

l'Océan antarctique

Océano Ártico

l'Océan arctique

polo norte

le Pôle nord

polo sur

le Pôle sud

Antártida

l'Antarctique

tierra

la terre

tierra

le pays

mar

la mer

isla

l'île

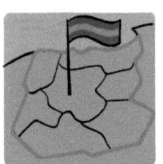

nación

la nation

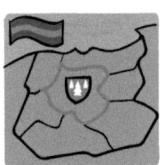

estado

l'état

esfera

le cadran

manecilla de las horas

l'aiguille des heures

minutero

l'aiguille des minutes

segundero

l'aiguille des secondes

¿Qué hora es?

Quelle heure est-il ?

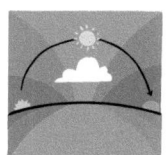

día

le jour

tiempo

le temps

ahora

maintenant

reloj digital

la montre digitale

minuto

la minute

hora

l'heure

semana
la semaine

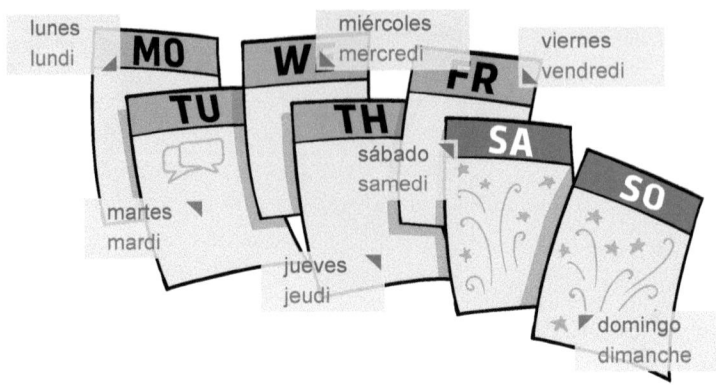

lunes / lundi — MO
martes / mardi — TU
miércoles / mercredi — W
jueves / jeudi — TH
viernes / vendredi — FR
sábado / samedi — SA
domingo / dimanche — SO

ayer
....
hier

hoy
....
aujourd'hui

mañana
....
demain

mañana
....
le matin

mediodía
....
le midi

tarde
....
le soir

días laborables
....
les jours ouvrables

fin de semana
....
le week-end

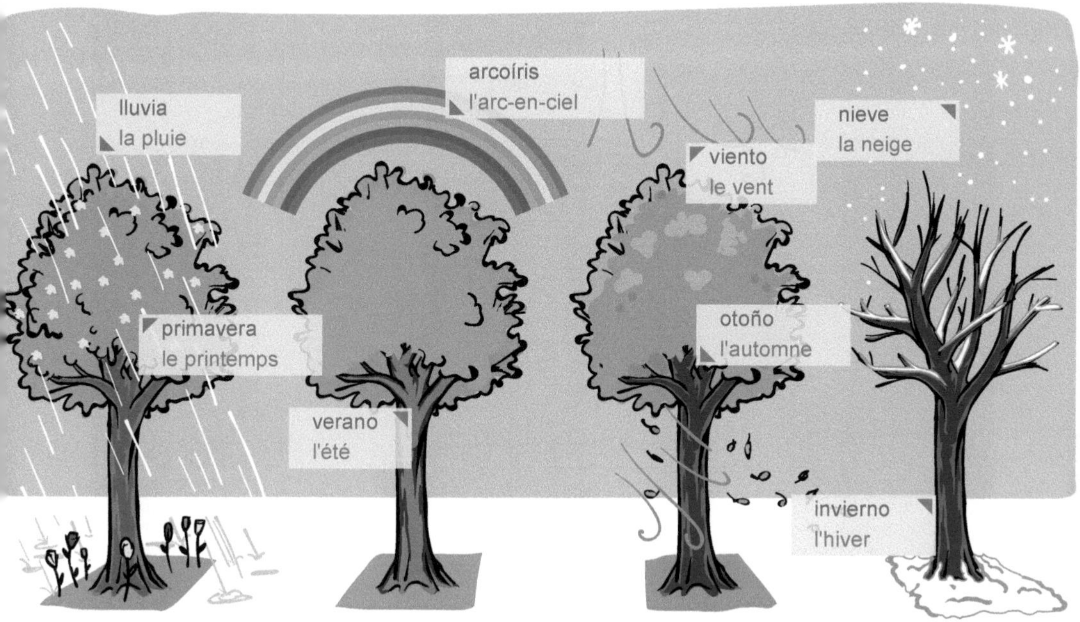
lluvia
la pluie
arcoíris
l'arc-en-ciel
nieve
la neige
viento
le vent
primavera
le printemps
otoño
l'automne
verano
l'été
invierno
l'hiver

4.APRIL 11°
5.APRIL 4°
6.APRIL 13°
7.APRIL 8°
8.APRIL 10°

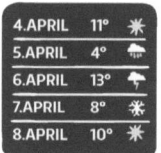

pronóstico del tiempo

la météo

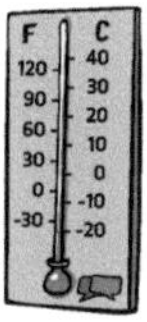
F C
120 40
90 30
60 20
30 10
0 0
-30 -10
-20

termómetro

le thermomètre

sol

la lumière du soleil

nube

le nuage

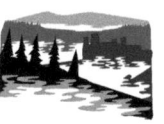

niebla

le brouillard

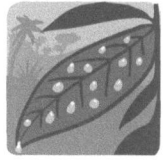

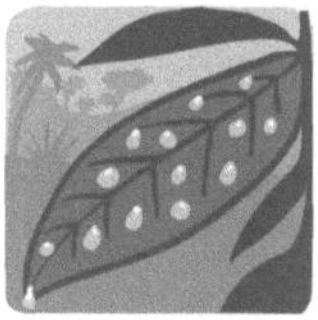

humedad

l'humidité

rayo

la foudre

trueno

la tonnerre

tormenta

la tempête

granizo

la grêle

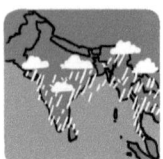

monzón

la mousson

inundación

l'inondation

hielo

la glace

enero

janvier

febrero

février

marzo

mars

abril

avril

mayo

mai

junio

juin

julio

juillet

agosto

août

año - l'année

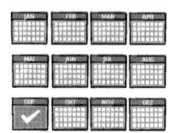

septiembre
·················
septembre

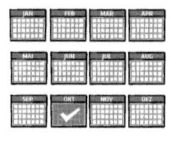

octubre
·················
octobre

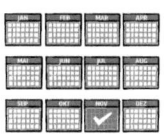

noviembre
·················
novembre

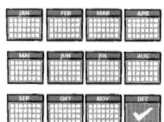

diciembre
·················
décembre

formas
les formes

círculo
·················
le cercle

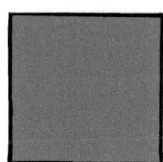

cuadrado
·················
le carré

rectángulo
·················
le rectangle

triángulo
·················
le triangle

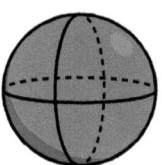

esfera
·················
la sphère

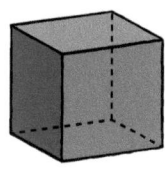

cubo
·················
le cube

blanco

blanc

amarillo

jaune

anaranjado

orange

rosa

rose

rojo

rouge

morado

violet

azul

bleu

verde

vert

marrón

marron

gris

gris

negro

noir

mucho / poco

beaucoup / peu

enojado / tranquilo

fâché / calme

bonito / feo

joli / laid

principio / fin

le début / la fin

grande / pequeño

grand / petit

claro / oscuro

clair / obscure

hermano / hermana

frère / soeur

limpio / sucio

propre / sale

completo / incompleto

complet / incomplet

día / noche

le jour / la nuit

muerto / vivo

mort / vivant

ancho / estrecho

large / étroit

comestible / no comestible

....

comestible / incomestible

malo / amable

....

méchant / gentil

entusiasmado / aburrido

....

excité / ennuyé

gordo / delgado

....

gros / mince

primero / último

....

le premier / le dernier

amigo / enemigo

....

l'ami / l'ennemi

lleno / vacío

....

plein / vide

duro / blando

....

dur / souple

pesado / ligero

....

lourd / léger

hambre / sed

....

faim / soif

enfermo / sano

....

malade / sain

ilegal / legal

....

illégal / légal

inteligente / tonto

....

intelligent / stupide

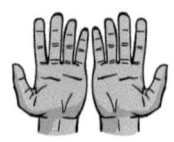

izquierda / derecha

....

gauche / droite

cerca / lejos

....

proche / loin

nuevo / usado

nouveau / usé

nada / algo

rien / quelque chose

viejo / joven

vieux / jeune

encendido / apagado

marche / arrêt

abierto / cerrado

ouvert / fermé

silencioso / ruidoso

faible / fort

rico / pobre

riche / pauvre

correcto / incorrecto

correct / incorrect

áspero / suave

rugueux / lisse

triste / contento

triste / heureux

corto / largo

court / long

lento / rápido

lent / rapide

húmedo / seco

mouillé / sec

cálido / frío

chaud / froid

guerra / paz

la guerre / la paix

0

cero

zéro

1

uno

un / une

2

dos

deux

3

tres

trois

4

cuatro

quatre

5

cinco

cinq

6

seis

six

7

siete

sept

8

ocho

huit

9

nueve

neuf

10

diez

dix

11

once

onze

12
doce
douze

13
trece
treize

14
catorce
quatorze

15
quince
quinze

16
dieciséis
seize

17
diecisiete
dix-sept

18
dieciocho
dix-huit

19
diecinueve
dix-neuf

20
veinte
vingt

100
cien
cent

1.000
mil
mille

1.000.000
millón
le million

idiomas

les langues

inglés
....
l'anglais

inglés americano
....
l'anglais américain

chino mandarín
....
le chinois mandarin

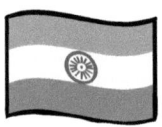

hindi
....
le hindi

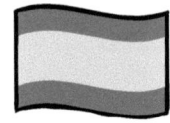

español
....
l'espagnol

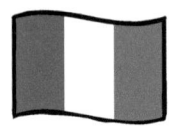

francés
....
le français

árabe
....
l'arabe

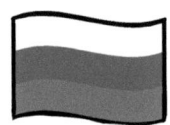

ruso
....
le russe

portugués
....
le portugais

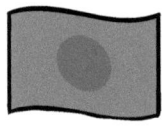

bengalí
....
le bengali

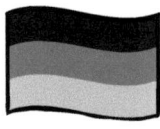

alemán
....
l'allemand

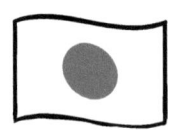

japonés
....
le japonais

yo

je

tú

tu

él / ella / ello

il / elle / ce, c', cela

nosotros/as

nous

vosotros/as

vous

ellos/as

ils / elles

¿quién?

Qui ?

¿qué?

Quoi ?

¿cómo?

Comment ?

¿dónde?

Où ?

¿cuándo?

Quand ?

nombre

le nom

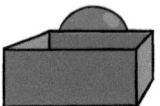

detrás

derrière

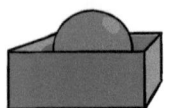

en

dans

delante de

devant

por encima de

au-dessus

sobre

sur

debajo de

en-dessous

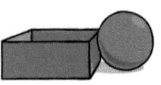

junto a

à côté de

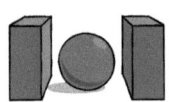

entre

entre

lugar

le lieu